금융과 경제 | 물건 값 치르기

# 현금과 신용카드와 수표로 값을 치러요

낸시 로웬 지음  브래드 피츠패트릭 그림
황창원 옮김

"얘들아, 개학 준비에 필요한 물건들 사러 가자.
너희들이 살 **학용품 목록**은 적어 놓았지?"
"네!" 에이미와 제리가 대답했답니다.
"아빠, **지갑**은 챙기셨어요?"
에이미가 물었어요.
"그럼, 챙겼지. 이제 어서 **출발**하자!"

**할인점**에서 제리와 에이미는 학용품들을
장바구니에 담기 시작했습니다.

"지불해야 할 금액이 무척
많을 것 같은데……."

아빠가 말했어요.

"아빠, 100만 원짜리
**수표**를 내면 우리가 필요한
것은 다 살 수 있잖아요?"
제리가 물었어요.
"그렇게 돈을 마구 쓰면
안 되지."
아빠는 빙긋이 웃었답니다.

우리나라에서 주로 쓰는 수표는
현금처럼 액수가 정해져 있어요.
하지만 어떤 나라에서는 자신의
은행 계좌에 들어 있는 금액
안에서 쓰고 싶은 만큼 직접 써서
물건 값을 치르기도 한답니다.

아빠는 계산대 앞에서 10만 원짜리 수표를 꺼내,
수표 뒤에 주소와 전화번호 그리고 아빠 이름을
적었답니다.
"아빠, 왜 그곳에 그런 것들을 적어요?"
제리가 물었어요.

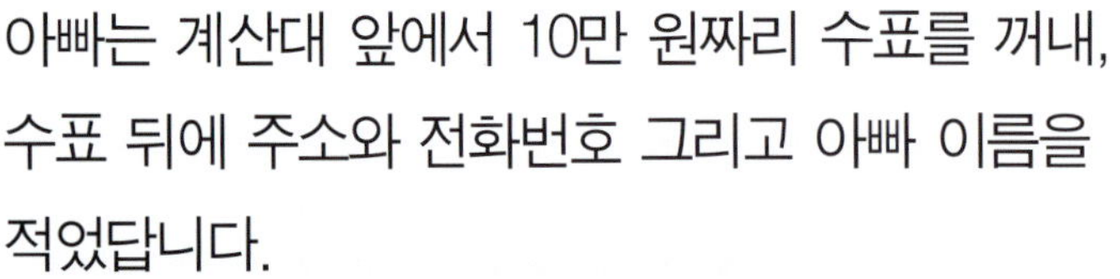

"이런 것을 '이서'라고 하는데
자기 이름 등을 써서 이 수표에
대한 보증을 하겠다는 것이지."
아빠가 대답했습니다.

에이미는 배낭을 골랐어요. 에이미는 예쁜 오렌지색 배낭이 좋았어요.
바퀴가 달린 자주색 배낭도 좋았지만, 오렌지색 배낭보다
1만 원이 더 비쌌답니다.
"그냥 오렌지색
배낭을 사.
그게 더 **싸잖아**."
제리가 말했어요.

"그게 더 싸지만 난 바퀴가 달린 배낭을 살래.
학년이 올라갈수록 책들이 무거워지잖아.

그리고 올해는 **좋은 배낭을 살 수
있을 만큼 저금도 많이 했거든.**"

필요한 물건들을 사기 전에 돈을
어떻게 쓸 것인지 계획을 세우세요.
그리고 가격도 중요하지만, 품질
좋은 물건을 사는 것도 중요하답니다.

에이미가 플라스틱 카드를 꺼내자 제리가 물었어요.
"**신용카드**도 가지고 있었어?"
"이건 신용카드가 아니라 직불카드야. **직불카드**는 내 계좌에
**연결돼 있어서** 은행이 내 계좌에 있는 돈을 꺼내서 내가
물건을 산 가게에 지불하는 거야."

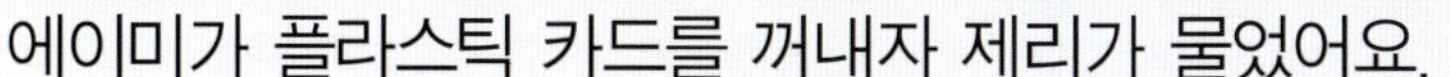

에이미네는 이번에는
**백화점**으로 갔어요.
에이미는 청바지를
여러 벌 입어 보았어요.

에이미는 청바지
세 벌을 들고 옷을
입어 보는 방에서 나왔어요.
"아빠, 유명 상표 청바지가
마음에 들지만, 그 값으로
이 청바지 두 벌에다
허리띠까지 살 수 있어요.
그렇게 하는 게 낫겠어요."

"아빠, 신발 한 켤레를 사고 또 한 켤레를 사면
그 신발은 반값에 판다고 적혀 있는 걸 봤어요.
그것 살래요."
제리가 말했답니다.
"그래. 네 신발은 정말 빨리 닳더라.
한 켤레 더 사는 게 좋겠다.
반값에 살 수 있으니까
훨씬 **경제적**이겠다."
아빠가 말했어요.

점원 할아버지가 물건들을 계산하자, 아빠가
신용카드로 지불했지요. 점원 할아버지는

## 아빠가 영수증에 한 서명이 카드 뒤에 있는 것과 같은지 확인했답니다.

점원 할아버지는 서명한
영수증은 보관하고,
다른 영수증은
아빠에게 주었습니다.

"신용카드도 계좌에서 돈을 꺼내 가는 거예요?"
제리가 물었답니다.
"아니지. 신용카드를 쓰는 건 돈을 쉽게 꾸는 것과 비슷하다고 생각하면 된단다. 신용카드 회사가 가게에 먼저 돈을 지불하고, 카드를 쓴 사람이 나중에 신용카드 회사에 돈을 내는 거야."
아빠가 대답했습니다.

에이미네는 음식점에 가는 길에 컴퓨터 **가게**에 들렀어요. 제리는 최신 게임기를 사기 위해 용돈을 모았는데, 가격은 제리가 모은 돈보다 더 비쌌어요.

"내 카드를 쓰면 되겠구나. 내가 모자라는 돈을 빌려 줄게. 나중에 갚으렴. **이 가게에서 쓸 수 있는 카드를 이용하면, 1만 원 정도를 절약할 수 있거든.** 그렇게 하면 네가 모은 용돈으로도 충분히 게임기를 살 수 있을 거야."
아빠가 제안했답니다.
"아빠, 정말 고마워요!"
제리가 기뻐하며 말했어요.

아빠는 **현금**이 부족한지
가까운 현금인출기로 가서
직불카드로 돈을 인출했답니다.

"현금인출기가 뭐야?"

제리가 물었어요.
"은행 직원들이 손님에게 해 주는
것과 똑같은 일을 하는 기계야."
에이미가 대답해 주었어요.

# 현금인출기

"로봇과 비슷하네. 멋지다!"
제리가 말했답니다.
에이미는 덧붙여 설명했지요.
"계좌에 돈이 있으면 저 기계에서
**현금**을 꺼낼 수 있어. **입금**도
할 수도 있고, 계좌들끼리 서로
**돈을 주고받을 수도 있지.**
저 기계가 카드에 기록돼 있는
계좌 번호를 읽고 나면,
카드 주인은 비밀번호를 입력해서
사용하는 거야."

핀(PIN) 번호는 은행카드 가운데
전자 통장 카드나 모바일뱅킹에서 쓰는
여섯 자리 숫자의 비밀번호를 말한답니다.
앞으로는 종이 통장이 사라지고 점차
핀 번호를 쓰는 전자 통장 카드로 교체될
것이라고 합니다.

아빠가 말했어요.
"자, 이제야 내가 하루 종일 기다리던 시간이 돌아왔구나. 나는 여기에 앉아서 쉬어야겠다. 돈을 줄 테니 아이스크림을 좀 사 오렴. **거스름돈**은 잘 챙겨 와야 한다!"

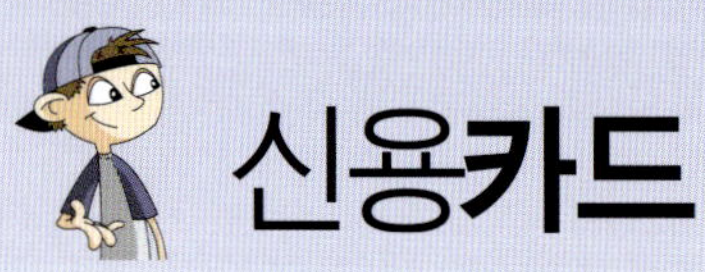

# 신용카드

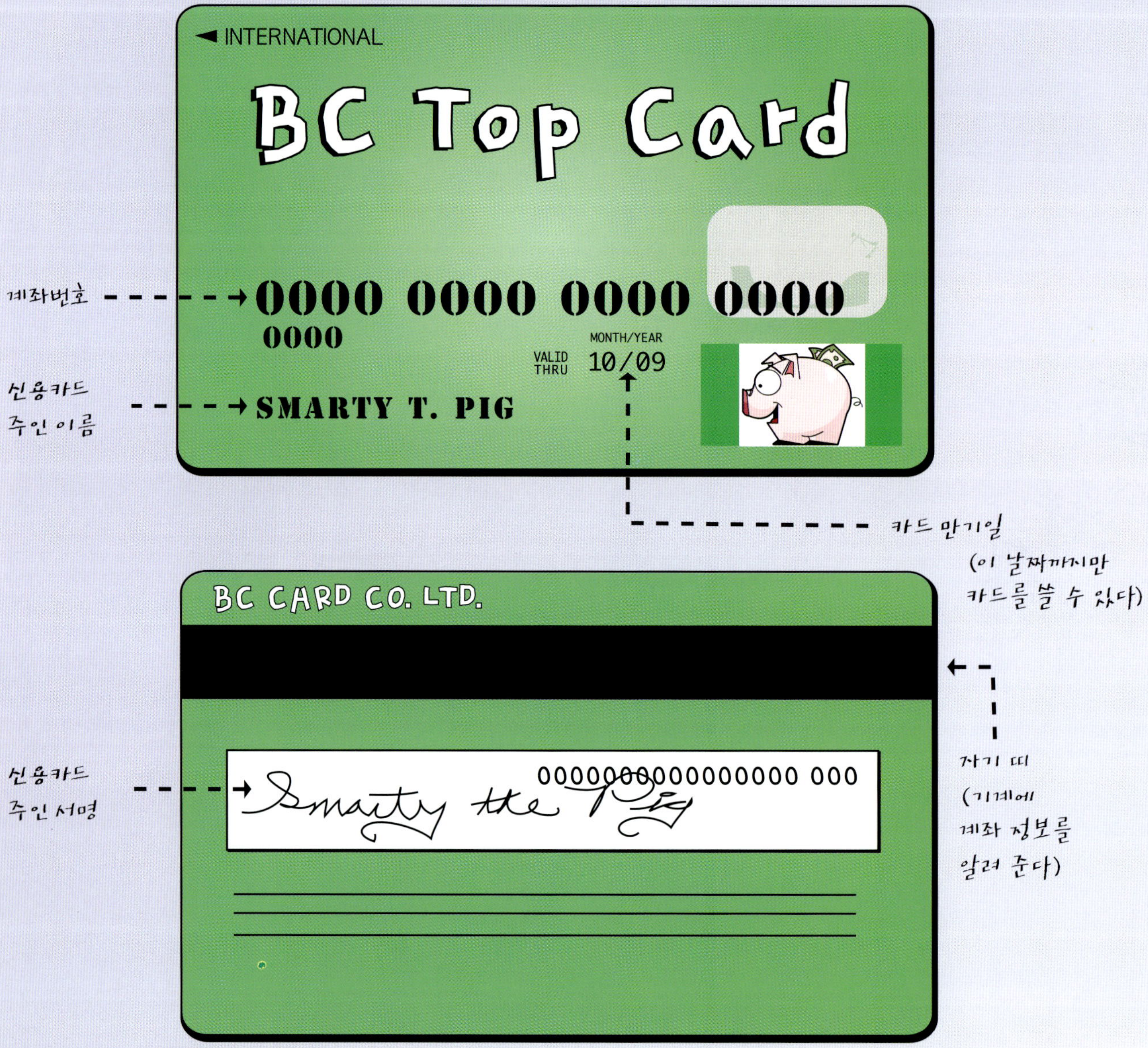

계좌번호

신용카드
주인 이름

신용카드
주인 서명

카드 만기일

(이 날짜까지만
카드를 쓸 수 있다)

자기 띠
(기계에
계좌 정보를
알려 준다)

- 많은 사람들은 자기가 가진 돈이 얼마인지 알아보고 예산을 짜기 위해 컴퓨터 프로그램을 사용합니다.

- 물건을 산 사람들은 물건을 바꾸거나 되돌려 줄 일이 생길 때를 대비해서 영수증을 잘 보관해야 합니다. 영수증을 보여 주면 언제, 어디에서, 얼마를 주고 물건을 샀는지 가게에 알려 줄 수 있기 때문입니다.

- 현금인출기는 은행들 사이에 서로 정보를 주고받는 큰 전산망(서로 필요한 정보를 주고받기 위해 연결된 컴퓨터들의 모임)에 연결되어 있습니다.

- 전단지는 가게에서 파는 물건들에 대한 설명을 종이에 인쇄한 것입니다. 이런 광고들은 흔히 신문에 끼워져서 배달됩니다. 큰 도시에서는 일요일에 나오는 신문의 절반이 광고들이지요.

- 자기가 저금하는 은행의 현금인출기가 없어서 다른 은행의 현금인출기를 사용할 때는 약간의 돈(수수료)을 더 내야 합니다.

- 신용카드 회사는 월말에 신용카드로 산 물건 값에 대한 청구서를 보냅니다. 청구서대로 돈을 갚지 못하면 이자를 더 내야 합니다.



- **계좌** __ 은행에 돈을 넣거나 꺼낸 기록을 뜻해요. 계좌는 저금한 사람과 은행의 약속으로 은행의 컴퓨터에 저장됩니다.

- **명세서** __ 정해진 기간 동안 한 계좌로 돈이 들어오고 나간 모든 내용을 기록한 표

- **예산** __ 돈을 쓰기 위한 계획

- **이자** __ 돈을 빌리는 대가로 내야 하는 돈

- **인출** __ 계좌에서 돈을 꺼내는 일

- **자기 띠** __ 신용카드에 있는 검은색 띠. 카드 주인의 계좌에 대한 정보가 담겨 있어서 현금인출기에 그 정보를 알려 줍니다.

- **현금** __ 동전이나 종이돈처럼 물건 값을 낼 때 흔히 사용하는 돈

경제에 대한 여러 가지 지식을 폭넓게 공부할 수 있는 인터넷 사이트를 만나 보세요.
책을 읽다가 궁금한 것이 있으면 관련 사이트로 들어가서 어린이 여러분의 궁금증을
직접 풀어보기 바랍니다.

- **kids.mosf.go.kr  어린이 청소년 경제교실**
  내 용돈 관리하기, 용돈 기입장, 척척박사 경제 용어, 만화로 보는 경제
  용어 등 경제에 대한 모든 호기심을 풀 수 있는 인터넷 사이트

- **http://museum.bok.or.kr**
  **화폐 금융 박물관**
  화폐에 대한 모든 것을 보여 주는 사이트

- **http://www.bok.or.kr/index.jsp  한국 은행**
  우리나라의 중앙 은행인 한국은행에서 경제에 대한
  수준 높은 지식을 쌓을 수 있습니다.

- **http://www.ecovi.co.kr**
  **쉽고 재미있는 경제 공부를 해 봐요**

- **http://www.econoi.co.kr  어린이 경제 신문**
  어린이 경제 신문, 이코노 생생 논술 등으로
  경제 개념을 논리적으로 익힐 수 있습니다.